**Dieter Bartel**

# Das Juxbuch für stolze BMW-Fahrer

Illustriert von Oscar M. Barrientos

Eichborn Verlag

Die Deutsche Bibliothek – CIP-Einheitsaufnahme

**Bartel, Dieter:**
Das Jux-Buch für stolze BMW-Fahrer / Dieter Bartel. – Frankfurt am Main: Eichborn, 1992
ISBN 3-8218-2293-7


Umschlaggestaltung: Uwe Gruhle unter Verwendung einer Illustration von Oscar M. Barrientos.
Druck: Fuldaer Verlagsanstalt GmbH.

ISBN 3-8218-2293-7

Verlagsverzeichnis schickt gern:
Eichborn Verlag, Hanauer Landstraße 175, 6000 Frankfurt 1

## Die Freude am Fahren

BMW-Fahrer sind die besseren Menschen, weil sie sich noch freuen können. Nur bescheiden sind sie nicht, denn es muß schon ein BMW sein, sonst kommt keine rechte Freude auf. Wer einmal ein solches Fahrzeug gestohlen und seinen Tank leergefahren hat, wird sich vom Erlös seines nächsten Banküberfalls sofort einen neuen BMW anschaffen – Qualität bleibt eben Qualität.

## BMW-Fahrer und der Rest der Welt

Der BMW-Fahrer hat nichts gegen den Rest der Welt – da darf man seine Fahrweise nicht mißverstehen.

## BMW macht Spaß!

Und daher dürfen auch Späße über das BMW-Fahren gemacht werden. Wer die gnadenlosesten BMW-Sprüche und -Witze auftischt? Natürlich BMW-Fahrer! Sie haben schließlich Humor, und es ist immer noch besser, man macht sich über sich selbst lustig, als das man das diesen Hanswursten in ihren albernen Mazdas oder Mercedessen überläßt.

## Lieblinggeschichten aller BMW-Fahrer

Der BMW-Fahrer ist ein variantenreicher Alleinunterhalter. Gern unterhält er sich allein – durch tiefschürfende Selbstgespräche.

Wenn er zu Menschen redet, geht es vor allem um zwei spannende Themen:

1. Warum ich die große Ausnahme bin.
2. Warum ich die ganz große Ausnahme bin.

## Die Zeitrechnung der BMW-Fahrer

Der Tag des BMW-Fahrers hat nur 24 Stunden, und das läßt sich durch eine andere Fahrtechnik nur ansatzweise korrigieren. Jedenfalls reicht ein solcher 24-Stunden-Tag nicht aus, um allen Nicht-BMW-Fahrern zu erklären: Ich bin anders. Doch trotz unzähliger Worte aus den Schalen der Goldwaage lassen sich nicht alle Menschen davon überzeugen, daß gerade wir anders sein sollen. Jedenfalls nicht im gewünschten Sinne, denn kaum hat der BMW-Fahrer sein »Ja, ich kenne die Vorurteile gegen BMW-Fahrer, aber ich bin da echt eine Ausnahme« vorgetragen, wendet man sich von ihm ab und sagt: »Ja klar. Noch schlimmer.«

## Wirklich schockierende Fahrweise

Man ist ja schon einiges gewohnt von BMWs, und wenn man sich bei so einem auf den Kindersitz setzt, weiß man, was einen erwartet.
So dachte auch Elisabeth D. aus Hagen. Was sie erlebte, schockierte sie noch mehr. Sie ließ sich von einem BMW-Fahrer

durch die Innenstadt chauffieren. Ein Blick auf den Tacho erschütterte ihr Weltbild: unter 70 km/h! Das war tagelang Tagesgespräch in Hagen und Umgebung.

## Wirkliches Fahrkönnen

Es gibt ja auf allen Automarken Männer, die etwas sportlicher fahren. Aber ob es sich nur um Angeber und Wichtigtuer handelt, die im entscheidenden Moment den Schwanz einkneifen, kann man leicht feststellen: Der BMW-Fahrer wartet, bis so ein Manta- oder Scorpio-Fahrer eine Panne hat, und schleppt ihn dann ab. Mit 170 km/h. Danach sieht er sich den Burschen mal genauer an. Naßgeschwitzt? Ohnmächtig? Aschgraue Haut, schlohweiße

Haare? Aha! Wie würde sich ein BMW-Fahrer selbst als Abgeschleppter verhalten? Bei 170 km/h würde er die Scheibe runterkurbeln, den Vordermann mit der Lichthupe auf sich aufmerksam machen und dem Vordermann zubrüllen: »Ist das hier noch der Parkplatz, oder bist du am Steuer eingeschlafen?«

## Wirkliches Schnellfahren

Dieser Zustand ist erreicht, wenn die Zeit nicht zum vollständigen Lesen der Schilder reicht, die man gerade passiert hat. »Wissen Sie, Herr Vorsitzender Richter, ich habe nur die acht erkennen können in der Kürze der Zeit. Das hätte alles mögliche bedeuten können: 8 km/h z.B. oder

8000 km/h. Das beides kam mir aber zu unrealistisch vor. Also dachte ich: mit deinen 203 km/h liegst du immer noch weit unter den erlaubten 800 km/h.«

## Warum wollen alle bei uns mitfahren?

Wegen Sex. 82 % der Bevölkerung sieht in uns BMW-Fahrern und -innen nur das nackte Lustobjekt. Dabei wollen wir viel lieber wegen unserer Persönlichkeit geliebt werden. Ersatzweise allerdings nehmen wir alles mit, was einsteigt.

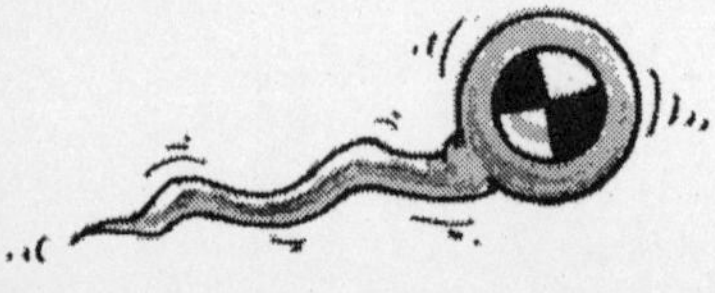

## Beifahrer, die wir besonders lieben

– Beifahrer im Kofferraum (sofern sie nicht raustropfen).
– Beifahrer, die zu Hause bleiben.
– Beifahrer, die haargenau das tun, was wir von ihnen verlangen. Und zwar ALLES!
– Beifahrer, die etwas lernen möchten.
– Beifahrer, die sagen: »Heute will ich was erleben!«.
– Beifahrer, die vor Gericht das aussagen, was wir mit ihnen einstudiert haben. Also Wahrheit (in allen ihren übergeordneten Spielarten).
– Beifahrer, die sich brüllend erkundigen, was da eigentlich für dufte Musik in unserem BMW läuft.

## Beifahrer, die wir besonders hassen

- Beifahrer, die sich mit ihren Dreckschuhen an der Verkleidung des Handschuhfaches abstützen.
- Beifahrer, die ständig am Radio herumfummeln.
- Beifahrer, die einschlafen.
- Beifahrer, die nicht einschlafen.
- Beifahrer ohne Grundkenntnisse in der Deologie.
- Anhalterinnen, die sich beim Einsteigen als Anhalter entpuppen.
- Beifahrer, die ständig müssen.
- Beifahrer, die ihre Schnauze nicht halten können.
- Beifahrer ohne Führerschein auf langen Strecken.

- Beifahrer mit Führerschein und Fahrlehrervordiplom.
- Beifahrer, die sich partout nicht anschnallen wollen.
- Beifahrer, die sich lautstark Geschwindigkeiten unter 240 km/h wünschen und damit die Sicherheit jeder Fahrt über 240 km/h gefährden. Dabei weiß doch jeder, daß ein BMW sich automatisch bei Erreichung von 240 km/h abstellt. Und auf die paar km/h kommt´s dann auch nicht mehr an.

## Was denken BMW-Fahrer über Frauen?

Was wäre unser Planet ohne Frauen? Um vieles ärmer. Nur ein Beispiel: Wer würde uns nach Hause fahren, wenn es Frauen nicht gäbe? Wir uns selbst, und das bei 1,8 Promille, denn schließlich muß immer der fahren, der am wenigsten getankt hat.

## Politessen

Hier haben wir das Frauenideal der Frauenbewegung. Der BMW-Fahrer haßt sie, obwohl er sonst eigentlich positiv zur Frauenbewegung steht – vor allem zur Beckenrotation.

## Frau am Steuer – Mann als Fahrlehrer

Selbstlos erteilt der Mann Nachhilfeunterricht und spricht dabei so deutlich zu seiner fahrenden Frau, daß auch andere Verkehrsteilnehmer durch mehrere geschlossene Scheiben hindurch ihre Kenntnisse auffrischen können.

## Warum schwängern BMW-Fahrer so gerne Frauen?

1. Um anderen zu beweisen, daß der potente Motor nicht irgendein alberner Ersatz für irgendeinen persönlichen Mangel ist.
2. Weil man ihn ständig, inständig und unanständig darum bittet – oder genauer: anfleht.
3. Weil sich der BMW nicht schwängern ließ. Und der BMW-Fahrer hat jahrelang alles versucht, wirklich alles. In

seiner Garage ging es so manchen Abend hoch her. Aber komisch: Sein BMW schluckte zwar mehr als viel, wurde aber trotzdem nicht besoffen.

4. Weil er auf keinen Fall Rufselbstmord begehen will.

Doch all diese Gründe könnte auch jeder andere Autofahrer anführen. Ausschließlich auf den handverlesenen Zirkel der BMW-Fahrer ist der folgende Grund beschränkt:

5. Der BMW-Fahrer lügt nicht gern. Er möchte, wenn man ihn nach einer Radarfalle mit 130 km/h in geschlossener Ortschaft anhält, jedesmal (!) ganz ehrlich sagen können: »Eine entfernte Bekannte entbindet gerade ein Kind von mir.«

## Aktive Sicherheit

BMW-Fahrer fahren schneller, als Unfälle sich ereignen können.

## Rasen

Der BMW-Fahrer fährt grundsätzlich nicht allein durch geschlossene Ortschaften. Das wäre ihm zu langsam. Erst mit Beifahrer überwindet der BMW-Fahrer seine letzten menschlichen Hemmungen.

## Ich bremse auch für Tiere

Viele Autos sind mit diesem Warnaufkleber verziert. Wenn wir bei Wettrennen mit einem solchen Wagen nur gleichauf liegen, müssen wir uns leider von unserem

Rassehund trennen. Schwungvoll werfen wir ihn für den Nebenmann gut sichtbar aus dem Fenster, und schon haben wir gewonnen. Wenn wir ein Pferd aus dem Fenster werfen, liegen wir nun mindestens eine halbe Pferdelänge vorn. Leider hat man nicht immer ein Pferd zur Hand, wenn man es auf langen Steigungsstrecken gut brauchen könnte. Glücklich die, deren Beifahrer verwechselt werden könnten.

## Durchschnittsgeschwindigkeit

Im Durchschnitt legt der BMW-Fahrer in seinem PKW 12.000 km pro Jahr zurück – er fährt mit einer Durchschnittsgeschwindkeit von 1,37 km/h (denn bekanntlich hat das Jahr 8.760 Stunden).

»Mit anderen Worten Herr Vorsitzender Richter: Von einem notorischen Raser können Sie in meinem Fall wirklich nicht sprechen, nur weil ich drei- viermal leicht über 100 gefahren bin – auf dem Aldi-Parkplatz. War doch sowieso Privatgelände.«

## Noch was zur Freude am Fahren

Der BMW-Fahrer fährt nie einfach nur so in der Gegend herum! Dieses Vorurteil ist entschieden falsch. Er hat immer einen Grund für seine Runden um den Block, manchmal sogar einen guten: Nachdenklichkeit. Nur im BMW kommen ihm die wirklich guten Gedanken, nur hier fallen ihm z.B. wirklich glaubwürdige Erklärungen für seine scheinbar grundlosen Spritztouren ein. Zum Beispiel fiel ihm neulich folgende schon fast geniale Erklärung ein: »Beim Fahren kommen mir immer die besten Ideen ...«

## Entzugserscheinungen

Der Führerscheinentzug trifft den BMW-Fahrer da, wo es am meisten weh tut – was aber nicht heißt, daß er seinen Führerschein ständig in der Unterhose aufbewahrt.

An sich wäre der Verlust der Fahrlizenz nach einem harmlos netten Abend zu verschmerzen. Aber Panik kommt spätestens dann auf, wenn der BMW-Fahrer trotz sorgfältigster Suche seine andere, noch wichtigere Lizenz nicht finden kann, die schon mehrfach verlängerte Lizenz zum Töten.

## Unfallverhütung

Einem BMW-Fahrer bleiben Unfälle weitgehend erspart, weil soviele aktive Sicherheitsreserven unter der Haube nur darauf warten, mit Runterschalten und Vollgas aus dem Gefahrenbereich herauszurasen. Unfälle kennt der BMW-Fahrer vor allem aus dem Fernsehen und dem Rückspiegel (allerdings meist in umgekehrter Reihenfolge: Erst verstehen seine Hinterleute seine Fahrweise nicht, begehen unnötige Fehler und verursachen dann jene Super-

GAUs, die der BMW-Fahrer beim Davonrasen im Rückspiegel und am selben Abend in der Tagesschau beobachtet.).

## Nochmal Unfallverhütung

Während der Tagesschau nimmt er Gummis gegen eventuell mögliche Verkehrsunfälle. Und nochwas: Es stimmt nicht, daß er erst bei den Sportmeldungen mit dem Verkehr anfängt und zu den Aussichten für morgen und übermorgen bereits für den Rest des Tages parkt.

## Sonnenbrillen

Der BMW-Fahrer kauft bevorzugt Sonnenbrillen, die mindestens das ganze

Gesicht bedecken. Natürlich müssen sie zum falschen weißen Bart und dem Nikolauskostüm passen, das er trägt, um schikanöse Blitzerampeln und Radarfotografen ignorieren zu können.

## Qualmende Räder

Irgendwie gehört der herb männliche Geruch qualmenden Gummis zum BMW-Fahrer. Daher übergießt er gern Reifen mit Benzin und zündet sie an. In Kneipen erzielt er denselben Effekt in verkleinertem Maßstab mit einem Einwegfeuerzeug und den Kondomen, die er auf Rastplätzen einsammelt. Im Schlafzimmer bevorzugt er ungeschützten Verkehr, weil er sich früher so oft verbrannt hat.

## Der BMW-Fahrer hat Abstand zu den Dingen

Meistens genau 42 Zentimeter, denn näher will man aus Sicherheitsgründen bei 185 km/h nicht ran an die Stoßstange. Für den Fall, daß der Vordermann einen Fahrfehler macht.

## Was ist eigentlich mit Mercedes?

Mit bitte was?

## Der gute Stern auf allen Straßen

Die Fahrzeuge aus Untertürkheim hat der BMW-Fahrer gefressen, und noch mehr natürlich deren Besitzer. Das ist eine Frage der Lebenseinstellung! Mercedes-Fahrer sind nun mal die Streber, und ein BMW-Fahrer ist nur deswegen sitzengeblieben, weil ihm der ganze Stil im Unterricht nicht gepaßt hat.

## Mercedes-Fahrer mit Hut

Eine Antwort hat, nach langer Suche, der BMW-Fahrer auf die alte Menschheitsfrage gefunden: Warum haben Mercedes-Fahrer immer einen Hut auf? Weil das die beste Methode ist, die Spuren der Amputation zu verstecken.

## Geschwindigkeitsrausch in geschlossenen Ortschaften

Nein, man muß nicht unbedingt 90 Sachen draufhaben, um den Originalnervenkitzel genießen zu können. Bescheiden, wie er nun einmal ist – einmal pro Jahr -, reichen dem BMW-Fahrer exakt die erlaubten 50 km/h. Im BMW kommt einem das nämlich viel schneller vor – im Rückwärtsgang.

## Radarwarnung

Neueste Umfragen belegen, daß 78 % aller BMW-Beifahrer glauben, daß mindestens

14 der unzähligen Kontrollanzeigen und Lämpchen im Cockpit des BMWs irgendeine Bedeutung haben.
Sie vermuten, daß der BMW-Fahrer direkt mit dem US-amerikanischen AWACS-Frühwarnsystem verbunden ist. Woran sollte es sonst liegen, daß BMW-Fahrer niemals in Radarfallen tappen?
Hätten diese Blindfische von Beifahrern ihren Blick nur ein paar Zentimeter höher schweifen lassen, wäre ihnen die Antwort von selbst gekommen: Ob irgendwo eine Radarfalle aufgestellt ist oder nicht, das hat der BMW-Fahrer nämlich im Urin – und daher steht, zur Sicherheit bei Geschwindigkeitsübertretungen – direkt vor der Nase des BMW-Fahrer auf dem Armaturenbrett ein Glas mit dieser Flüssigkeit,

die er wöchentlich einmal austauscht. Der Beifahrer staunt, wie nachhaltig der vom Innenspiegel herunterbaumelnde Geruchsbaum wirkt.

## Saufen

Ein echter BMW-Fahrer kann bei einer Geschwindigkeit von 90 km/h pro Stunde auf 100 km mehr Sprit trinken als sein BMW.

Was heißt das?

(Zutreffendes bitte nicht ankreuzen, sonst sieht dieses wertvolle Buch so verschmiert aus)

1. Der BMW hat einen ziemlich niedrigen Verbrauch.

2. Der BMW-Fahrer hat einen ziemlich hohen Verbrauch.
3. Der BMW-Fahrer zählt zu den wenigen Menschen, die ihren Flüssigkeitsbedarf bevorzugt durch das Trinken von Benzin decken.
4. Den BMW kann man so oft man will zu Bier und Schnaps einladen – aber er bleibt eisern (was ganz im Kontrast steht zu seinem hohen Kunststoffanteil).

## Surfen

Das Surfbrett ist immer dabei. Man kann ja nie wissen, wozu es eines Tages mal gut sein könnte.

## Tieferlegen

Unsere Straßen und Autobahnen sind verstopft. Nur fachmännisch tiefergelegte BMWs kommen noch zügig voran, weil sie ihre trägen Vorderleute unten überholen können.

## Bordcomputer

Es ist ein schönes Gefühl, einen Bordcomputer im Cockpit seines BMWs zu wissen. Es ist kein unschönes Gefühl, nicht zu wissen, was welches Lämpchen bedeutet. Hauptsache ist doch, es bedeutet überhaupt was. Und wenn *das* der Fall ist, bemerkt es der BMW-Fahrer schon rechtzeitig genug. Nach den unerwünschten und vorzeitigen Fahrtunterbrechungen hat der BMW-Fahrer Muße, sich für die Zukunft Notizen zur tieferen Bedeutung von Piepzeichen und Lichtergeflacker zu machen. So entsteht zwischen Unfall und Unfall ein ganz individuelles Bedienungshandbuch – oft sogar mit Herzblut geschrieben, wenn man vergessen hatte, einen Kuli mit in den Krankenwagen zu nehmen.

## Vollgas

Kategorischer Imperativ für alle BMW-Fahrer.

## An welchen Verkehrsveranstaltungen würde der BMW-Fahrer gern mal teilnehmen

Öffentlicher Oralverkehr. Die bekannten Vorverkaufsstellen sind umlagert. Aufgrund zahlreicher Meldungen wurde die Teilnehmerzahl auf vier pro Mund erhöht. Schon bei dieser Menge kommt es regelmäßig zum Gedränge vor allem an Ampeln im Rachenraum.

## Ist der BMW das schönste Spielzeug der Welt?

Selbstverständlich nicht, denn das ist ja die Ehefrau des BMW-Fahrers. Jedenfalls Teile von ihr. Spätestens nach der zweiten Scheidung platzt die Kühltruhe aus erster Ehe.

## Typenschild

Die schönste Wertsteigerung erfährt der BMW, wenn wir das Typenschild abmontieren. Endlich wird jedem klar, daß wir zum Understatement neigen oder es nicht ertragen können, wenn man uns wegen unseres Spitzenautos beneidet bis haßt.

## Der Umgang mit dem Typenschild

1. Dranlassen – Angeber
2. Abmachen – Angeber

So jedenfalls sehen es die anderen. Also ist es egal, was wir machen.

## Was sagen die Eltern zu unserem BMW?

Unsere Eltern gratulieren uns zu unserer Entscheidung für den BMW, lehnen es aber ab, mitgenommen zu werden. Ihre Begründung: »Wir sehen schon so mitgenommen aus.«

## Wiederverkaufswert

Am höchsten ist der Wiederverkaufswert, wenn man den Wagen gleichzeitig an mehrere verschiedene Interessenten verkauft.

## Überholen: Wann, wieso und wie?

Wann? Wenn jemand vor oder mindestens neben uns fährt.
Wieso? Weil jemand vor oder mindestens neben uns fährt.
Wie? Schneller werden oder den anderen verlangsamen.

## Kann man sich selbst überholen?

Bislang ist es noch niemandem gelungen. Aber wenn es je einer schafft, dann ein BMW-Fahrer – weil Training sich immer irgendwann auszahlt.
Irgendwann wird es Selbstüberholer geben, denn die Selbstabholer haben sich im Konsumgüterbereich ja auch ganz schnell durchgesetzt.

## BMW-Fahrer und Umwelt

Ganz zu unrecht unterstellt man dem zugegeben sehr fortschrittlich wirkenden BMW-Fahrer, er sei ein fanatischer Linker, vielleicht sogar grün eingestellt. Nein, im Gegenteil, er setzt sich vehement für das Waldsterben ein und sagt: »Weg mit dem Schilderwald!« Natürlich leistet er seinen persönlichen und aktiven Beitrag und fährt bei jeder Gelegenheit unnötige Schilder um. In die rechte Stimmung dazu versetzt er sich mit italienischen Rotweinen aus der Provence (Dort wurden sie nach neuestem EG-Recht gepanscht.)

## Autobahn

Ein bißchen Nervenkitzel bietet auch die lange Fahrt auf dröger Bundesautobahn, wenn man sich klar macht: Eigentlich sind wir auf Großwildjagd. Doch meist laufen einem nur die kleinen Tiere vors Auto. Was nicht heißen muß, daß sie schlechter schmecken.

## Wasserstraßen

Jeder kennt das Phänomen Aquaplaning aus dem Fernsehen. Der BMW-Fahrer versucht, die Pfütze so zu durchfahren, daß er auf der Wasseroberfläche entlanggleitet. Beim Schwimmen ans andere Ufer überlegt er sich, was er falsch gemacht hat. Er schlägt die Bibel auf, aber da werden die Tricks des Wasserläufers Christus auch nicht genauer erläutert. Teil III seiner ganz persönlichen Bibelausgabe, der Zubehörkatalog von D & W, schweigt sich ebenfalls weitgehend aus. Aber ein schönes Bild von Maria oben ohne mit Tanga steht wenigstens drin.

Doch all das erschüttert nicht seine tiefe Religiosität. Nach wenigen hundert Versuchen hat er eingesehen: Aquaplaning funktioniert nur jesusmäßig bei Dauertemperaturen unter minus acht.

## Parken

»Ehrlich, Herr Hauptwachtmeister, als ich meinen Wagen vorhin hier abgestellt habe, stand das Schild noch nicht da.«

## Abschleppen

In Diskos weist der BMW-Fahrer gern auf die Vorzüge seiner Abschleppstange hin.

## Lieblingskrankheit

Der BMW-Fahrer schont sich nicht. Ständig leidet er an Sehnenscheidenentzündungen und Unterschenkelkrämpfen vom dauernden Schalten, Vollgas geben und Vollbremsen.

## Der BMW als Tatwerkzeug

Killer setzen sehr gern einen BMW ein. Wie viele von ihnen, liebe BMW-Fahrer, längst aus eigener Erfahrung wissen, eignet sich dieses Fahrzeug besonders gut zum Umfahren.

## Gehören BMW-Fahrer eigentlich zur Oberschicht?

In den Augen ihrer Bewunderer schon, auch wenn das wie ein Widerspruch in sich klingen mag, da man ja weiß: Ein

BMW-Fahrer hat nur einen Bewunderer – nämlich sich selbst. Ein echter BMW-Fahrer zeichnet sich bekanntlich durch eine fast schon liebreizende Bescheidenheit aus. Nein, nein, zur Oberschicht gehöre er nicht, betont er immer wieder – seit er erfahren hat: Dreck schwimmt oben, und: Fett schwimmt ebenfalls oben.

## Gehören BMW-Fahrer zur Unterschicht

Überhaupt nicht.

## Zu welcher Schicht gehören BMW-Fahrer?

Zur Wechselschicht, denn manchmal haben sie Früh-, ein anderes mal dann wieder Spätschicht. Oder zur Sonderschicht, weil man ja die gleichnamige Schule besucht hat, und nun kommen die alten Geschichten: »Ihr könnt euch nicht vorstellen, wie ich gebüffelt habe, um da

325i
325i

die Aufnahmeprüfung zu bestehen.« Stimmt – können sie nicht.

## Berufe für BMW-Fahrer

Für einen Mann mit BMW ist es nicht leicht, eine angemessene Stellung zu finden. Er kann keine Autoritäten akzeptieren und tut sich schwer mit dem sprachlichen Ausdruck. In seinem angestammten Fachbereich, der primitivsten körperlichen Schwerstarbeit, ist er längst schon durch intelligentere Roboter ersetzt worden.
So stehen ihm vor allem folgende Karrieren offen:

Testfahrer
Testpilot
Testidiot
Testosteron

Hat er es in einem dieser Bereiche zu nichts gebracht, schult er auf dem zweiten Bildungsweg um und wird:

Videoverleiher
Videoentleiher
Rockstar
Fußballstar

## Der große Durchbruch

Seit Jahren spricht er davon und tut alles, um sein Ziel zu erreichen. Irgendwann ist es dann so weit. Also schnell ins Krankenhaus und sehen, wieviel man vom Magen noch retten kann. Und dann: Nie wieder Kaffee, nie wieder Alkohol, nie wieder Zigaretten – nie wieder: zwei Wochen lang.

## Wände

Gern heißt es, der BMW-Fahrer müsse ständig und überall mit dem Kopf durch die Wand. Das stimmt, aber es klingt mißverständlich, denn meistens handelt es sich um die Wand des Schweigens, oder es wurden in dieser Wand ganz spezielle Aussparungen gelassen – die besten Beispiele dafür kennen viele von Ihnen, liebe Leser, sicher aus eigener Erfahrung: Türen und Fenster.

Jetzt verstehen Sie endlich auch, warum BMW-Fahrer am liebsten in Rohbauten wohnen: weil sie keine Lust mehr haben, sich Holzsplitter in die Wangen zu treiben oder das Gesicht mit Glas zu zerschneiden, wenn sie mit dem Kopf durch die Wand gehen.

## Einstellung

Ein BMW muß ständig eingestellt werden. »Ich habe meinen Wagen gestern optimal eingestellt.« Ganz schön anstrengend war das und erforderte ebenso profunde Spezialkenntnisse wie höchstes Fingerspitzengefühl. Aber der BMW-Fahrer wird reichlich belohnt für seine Mühen: Es ist gleich ein ganz anderes Fahren, jetzt, wo die Rückenlehne einen Hauch weiter nach hinten geneigt ist.

## Kampfsportarten, die der BMW-Fahrer bevorzugt

Taekwon Do

Häuserkampf

Kickboxen

Kung Fu
Parken

## Fahnen

Drei Fahnen liebt der BMW-Fahrer am meisten:

1. Seine Deutschlandfahne
2. Seine Staubfahne
3. Seine Fahne

## Der BMW-Fahrer als Mitfahrer

Bevor ein anderer Automobilist einen BMW-Fahrer zusteigen läßt, fragt er ihn: »Rauchst du?« Natürlich antwortet der BMW-Fahrer: »Nein.« Das wird aber nicht geglaubt. Also gehen beide zum Allianz-Vertreter. Dort muß der BMW-Fahrer eine Raucherhaftpflichtversicherung abschließen. Denn *wenn* der BMW-Fahrer dann doch rauchen sollte, so wird er es sicher lässig tun – und entsprechend viele Brandherde verursachen. Angefangen mit den Polstern und noch lange nicht aufgehört mit der Brandrodung links und rechts der Autobahn.

## Selbstmörder

Das mit den Pulsadern hat nicht geklappt, in der Badewanne haben sie einen auch gefunden, bevor Tabletten und Rotwein gewirkt haben, und der Strick war aus irgend so einem Schwundmaterial. Was tun?

Sich einfach mit einem BMW-Fahrer anfreunden und – mitfahren. Vorteil für die Familie: Es sieht nicht aus wie Selbstmord, die Lebensversicherung zahlt den Hinterbliebenen die doppelte Summe aus.

## Besonderheiten zur Fahrweise

Fair geht vor! Das sagt sich auch der BMW-Fahrer, wenn er für Tiere oder Kinder bremst und den Rückwärtsgang einlegt, um sinnloses Leiden zu verhindern. Er erlöst alles, wo andere nur angefahren hätten, und dann ab durch die Mitte. Kurz: BMW-Fahrer fahren waidgerecht.

## Sport und Sportsgeist

Ein richtiger BMW-Fahrer verhält sich immer sportlich: Er foult im Verkehr gerade so gnadenlos, daß man ihm keine rote Karte zeigt.

Gern nimmt er jede sportliche Herausforderung an, nicht nur die an der Ampel. Er gewinnt immer.

Auch der intellektuellen Herausforderung stellt er sich gern, denn dieses bietet ihm Gelegenheit, allen Spöttern zu beweisen, was für ein guter Verlierer er auch sein kann – wenn es um nichts Wichtiges geht.

## Negativste Eigenschaft

Leider hat der BMW-Fahrer eine ganz und gar furchtbare Eigenschaft: Er besitzt keine einzige negative Eigenschaft. Nur wenige Beifahrer können das ertragen, und daher nörgeln sie – ungerechterweise und sehr zum Leidwesen der BMW-Fahrer – ständig am Fahrstil herum. Selbst, wenn er in geschlossenen Ortschaften vorsichtig fährt, also entweder nachts 8 km/h auf der Ausfallstraße oder tagsüber 78 in der Spielstraße.

## Lieblingsfilme

Was für ihn sich selbst und seiner Damenauswahl gegenüber nicht gilt, gilt in Sachen Kino: Er ist anspruchsvoll. Folgerichtig liebt er besonders folgende Celluloid-Werke:

## Der weiße Hai, Teil I

Diesen Streifen liebt der BMW-Fahrer über alles, weil sein Hauptdarsteller keinen Unsinn redet, sondern stattdessen zubeißt.

## Der weiße Hai, Teil II

Diesen Film hat der BMW-Fahrer wenigstens achtmal gesehen, weil er sich von ihm versprach, Hinweise zum Verständnis des doch sehr komplizierten ersten Teiles zu bekommen.

## Der Terminator

Dieser Film handelt von einem BMW-Fahrer, der keinen BMW mehr hat und deswegen zum Gutkirschenessen nicht so geeignet erscheint.

## Der Exterminator

An diesem Film schätzt der BMW-Fahrer die sensible Charakterzeichnung der Phantasiewaffen. Leider kommt nicht heraus, wieso der Exterminator der Vorgänger des Terminators ist.

## Der Predator

Man lernt in diesem Streifen viele Dinge, die man im Leben ständig brauchen kann.

## Der große Diktator

In diesen Film ist er nur zufällig reingeschneit, weil er dachte: »Noch so ein Fremdwortfilm! Der wird bestimmt so ähnlich sein wie der Terminator, der Exterminator und der Predator.« Besonders enttäuscht war er von der billigen Aufmachung: Schwarz-Weiß!

## Das denken wir über Mercedes-Fahrer

BMW-Fahrer haben im tiefsten Herzen nichts gegen Mercedes-Fahrer. Im Gegenteil. Bei jeder sich bietenden Gelegenheit erwähnen sie, daß gerade Mercedes-Fahrer oft positiv auffallen – vor allem beim Aids-Test.

## Unser Urteil über Golf-Fahrer

Zwei Jahre ohne Bewährung, und dann kann man nur hoffen, daß der TÜV diese Un-Autos aus dem Verkehr zieht.

## So sieht der BMW-Fahrer japanische Autos

Gar nicht. Der BMW-Fahrer ist nämlich gerade mit einem Überholmanöver beschäftigt.

## Worin fährt der Feind

Im Peugeot, dem BMW Frankreichs – jedenfalls sehen ihre Besitzer das selbst so und wundern sich, warum es ihnen niemand freiwillig glauben will, jedenfalls

5

nicht, ohne daß er ein paar seiner todesverachtendsten Fahrkunststücke vorgeführt hätte. Bis zu diesem Moment glauben alle – und leider vor allem die Frauen: der Peugeot ist der Opel Frankreichs.

## Die Lebensprobleme der BMW-Fahrer

Kann ein BMW-Fahrer überhaupt Probleme haben, wo er doch einen so schönen Wagen sein eigen nennt? Eigentlich nicht, aber er hat sie doch, damit man ihn künftig als Menschen akzeptiert.
Nach ein paar Jahren wurde es ihm lästig, überall als Übermensch behandelt zu werden.
Hier also seine Lebensprobleme:

## Partnermangel

Wozu heiraten, wenn man einen BMW hat?

## Zeitmangel

Zum Schlafen kommt ein BMW-Fahrer selten. Abgesehen davon, daß ihn ständig Verehrerinnen umlagern, muß er dauernd seinen BMW erklären, sich für seinen BMW rechtfertigen und BMW-Anekdoten in seiner Lieblingssprache erzählen – BMW-Latein.

## Geldmangel

Deutlich sichtbar steht sein BMW vor der Tür. Automatisch hat er Freunde, die bei ihm nassauern wollen. Daher steht das Telefon in seiner Sommerresidenz.

# Weiterführende Literatur

## Wenn BMWs zuviel kosten

Sucht heißt das große Stichwort dieses sorgfältig recherchierten Tatsachenberichtes. In ihm geht es um BMW-Fahrer-»Karrieren« – meist fängt es in der Schule mit Autoquartett an, denn weiter über die geheimen Verführer der Werbewirtschaft bis in den Show-Room skrupelloser Fachhändler. Mit der Unterschrift beginnt der Abstieg. Hier wird der Grundstein gelegt für eine beispiellose Beschaffungskriminalität und tiefenpsychologische Probleme, deren Folgekosten wir alle zu tragen haben.

Nachfolgeband I.: Briefe von BMWs, die zuviel kosten

Nachfolgeband II.: Reaktionen auf BMWs, die zuviel kosten. (**Das** Geschenk für Freunde von Offenbarungseid und Vom-Funkturm-Sprung!)

JAVAANSE JONGENS